ENIDO

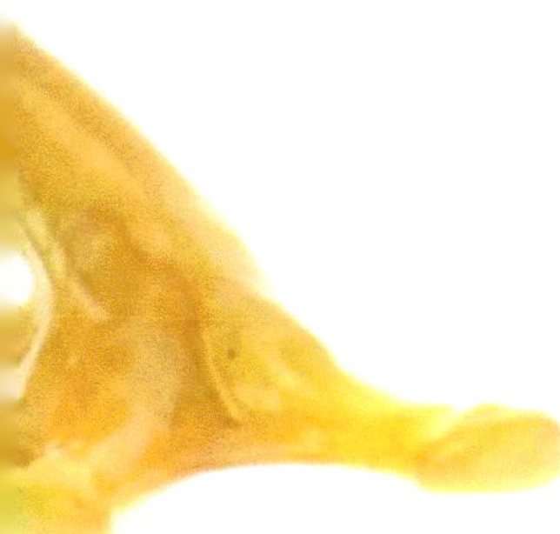

SOY UNA RANA JUVENIL.

Soy una rana bebé.

EL PRINCIPIO DE LOS

ranas BEBÉS

KIM THOMPSON

CREATIVE EDUCATION • CREATIVE PAPERBACKS

CONT

¿Ves mi cola? Pronto desaparecerá.

En la primavera, mi mamá puso cientos de huevos en un estanque. Se veían como gelatina.

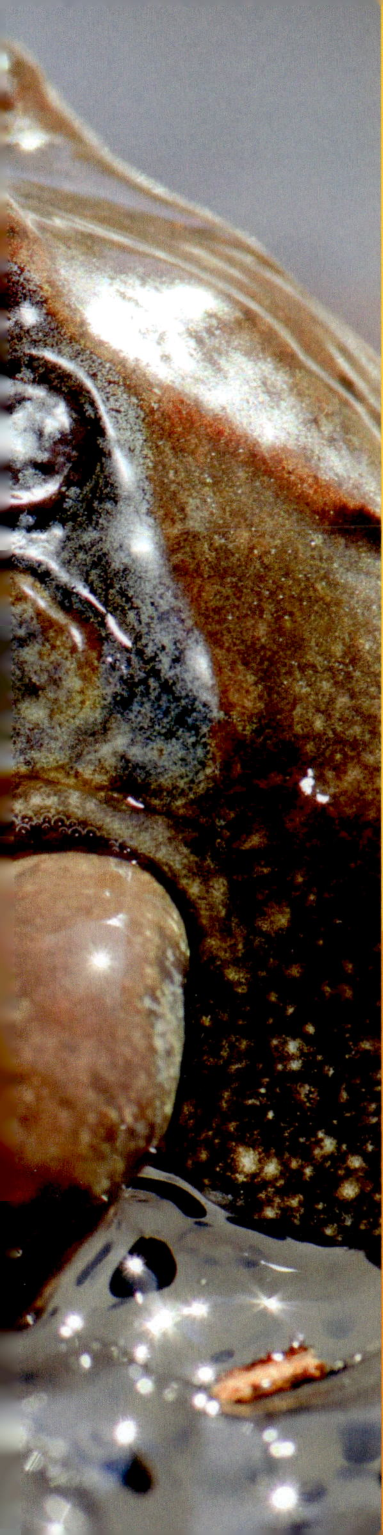

Cuando salí del cascarón, era un renacuajo.

Nadaba y comía plantas. Me empezaron a crecer las patas. Se formaron los pulmones. Creció piel sobre mis branquias.

Estos grandes cambios se llaman metamorfosis.

Es verano.
Mi cola
desaparece.

Puedo vivir en tierra.
Puedo atrapar insectos.
Finalmente, soy una rana.

¡Ahora puedo saltar!

HABLA Y ESCUCHA

¡CROA!

¿Puedes hablar como una rana? Las ranas pequeñas silban y llaman.

Escucha estos sonidos:

https://www.youtube.com/watch?v=lllzh1rJyPk

¡Ahora es tu turno!

PALABRAS DE RANA

branquias: partes del cuerpo utilizadas para respirar bajo el agua

metamorfosis: una serie de grandes cambios por los que pasan las ranas, las mariposas y otros animales cuando se convierten en adultos

pulmones: partes del cuerpo que ayudan a los animales a vivir en la tierra y respirar aire

renacuajo: rana en la etapa larvaria de su vida; rana joven con cola y branquias

ÍNDICE ALFABÉTICO

PUBLICADO POR CREATIVE EDUCATION Y CREATIVE PAPERBACKS
P.O. Box 227, Mankato, Minnesota 56002
Creative Education y Creative Paperbacks son sellos editoriales de The Creative Company
www.thecreativecompany.us

CATALOGING-IN-PUBLICATION DATA ESTÁ DISPONIBLE EN LIBRARY OF CONGRESS
LCCN: 2024053444
Library Binding ISBN: 9798889898535
Paperback ISBN: 9781682778937
eBook ISBN: 9798889899327

DISEÑO Y PRODUCCIÓN
Diseño por Rhea Magaro
Producción de Beeline Media and Design, Inc.
Dirección artística de Tom Morgan

FOTOGRAFÍAS de Alamy Stock Photo/blickwinkel/H. Duty, 10-11; Dreamstime/Gustavo Andrade, portada; Shutterstock/Bohbeh, 13, CanuckStock, 14, Dr Morley Read, 9, Joshua Ouellette, 8, Kurit afshen, 2, 4, 12, Marco Maggesi, 6, 7, Mirror-Images, 11, Oleksandr Lytvynenko, 5, Piyapong pc, 7

Impreso en los Estados Unidos de América